Amor de ciudad grande

SEGUNDA EDICIÓN

Élitro Editorial del Proyecto Zompopos

New York – New Hampshire

Amor de ciudad grande

SEGUNDA EDICIÓN

Keiselim A. Montás

Zompopos
El libro es un Zompopo

Amor de ciudad grande

Índice

Introito

He dicho cosas; he escrito versos.

No tiene sentido hacer escritos para dejarlos en carpetas y diarios, o como papeles sueltos en gavetas y armarios.

No sé si sean buenos o malos mis versos (los hijos siempre han de ser buenos y perfectos para los padres, aunque unos sean ladrones y otros virtuosos); hay días en que me parecen buenos, hay otros en que los percibo muy malos.

He leído a unos cuantos poetas, y de ellos me han parecido algunos buenos y otros malos; y de entre los malos, a veces, muy buenos versos, y de los buenos, también, versos muy malos.

Publico estos versos (pagados por mí) porque quiero (querer es mucho más poderoso que poder). Quien los lea (de seguro) los ha de percibir a su paladar: unos buenos y unos malos. Por mi parte, me conformo con quererlos escribir, y escribo.

Suscrito en Nueva York, mediados del mes de julio de 2006.

Keiselim Alfredo Montás Díaz

Para esta segunda edición:

Ahora, en esta segunda edición de a princicpios de 2024, sostengo como antes que: querer es mucho más poderoso que poder.

Suscrito en Lebanon, New Hampshire, finales del mes de marzo, 2024.

Keiselim A. Montás

Epígrafe

Amor de ciudad grande

Versos libres, José Martí
(1882; publicado en 1913)

De gorja son y rapidez los tiempos.
Corre cual luz la voz; en alta aguja,
Cual nave despeñada en sirte horrenda,
Húndese el rayo, y en ligera barca
El hombre, como alado, el aire hiende.
¡Así el amor, sin pompa ni misterio
Muere, apenas nacido, de saciado!
¡Jaula es la villa de palomas muertas
Y ávidos cazadores! Si los pechos
Se rompen de los hombres, y las carnes
Rotas por tierra ruedan, ¡no han de verse
Dentro mas que frutillas estrujadas!

Se ama de pie, en las calles, entre el polvo
De los salones y las plazas; muere
La flor el día en que nace. Aquella virgen
Trémula que antes a la muerte daba
La mano pura que a ignorado mozo;
El goce de temer; aquel salirse
Del pecho el corazón; el inefable
Placer de merecer; el grato susto
De caminar deprisa en derechura
Del hogar de la amada, y a sus puertas
Como un niño feliz romper en llanto;–
Y aquel mirar, de nuestro amor al fuego,
Irse tiñendo de color las rosas,–
¡Ea, que son patrañas! Pues ¿quién tiene
Tiempo de ser hidalgo? ¡Bien que sienta,
Cual áureo vaso o lienzo suntuoso,

Dama gentil en casa de magnate!
¡O si se tiene sed, se alarga el brazo
Y a la copa que pasa se la apura!
Luego, la copa turbia al polvo rueda,
¡Y el hábil catador —manchado el pecho
De una sangre invisible,— sigue alegre
Coronado de mirtos, su camino!
¡No son los cuerpos ya sino desechos,
Y fosas, y jirones! ¡Y las almas
No son como en el árbol fruta rica
En cuya blanda piel la almíbar dulce
En su sazón de madurez rebosa,—
Sino fruta de plaza que a brutales
Golpes el rudo labrador madura!

¡La edad es ésta de los labios secos!
¡De las noches sin sueño! ¡De la vida
Estrujada en agraz! ¿Qué es lo que falta
Que la ventura falta? Como liebre
Azorada, el espíritu se esconde,
Trémulo huyendo al cazador que ríe,
Cual en soto selvoso, en nuestro pecho;
Y el deseo, de brazo de la fiebre,
Cual rico cazador recorre el soto.

¡Me espanta la ciudad! ¡Toda está llena
De copas por vaciar, o huecas copas!
¡Tengo miedo ¡ay de mí! De que este vino
Tósigo sea, y en mis venas luego
Cual duende vengador los dientes clave!
¡Tengo sed,— más de un vino que en la tierra
No se sabe beber! ¡No he padecido
Bastante aún, para romper el muro
Que me aparta ¡oh dolor! De mi viñedo!
¡Tomad vosotros, catadores ruines

De vinillos humanos, esos vasos
Donde el jugo de lirio a grandes sorbos

Sin compasión y sin temor se bebe!
¡Tomad! ¡Yo soy honrado, y tengo miedo!

Nueva York, abril – 1882

Vuelas sola

      vuelo solo

         en soledad cruzamos senderos en el aire

jugamos un rato un juego de encanto:

  me encantas (¿te encanto?)

   Jugamos a que te pretendo (cortejos)

  Sonríes con tus labios de chocolate

      (me hago babas)

   Floreas tus alas cuando vuelas cerca de mí

    (me rozas) sonríes

  con tus labios de chocolate

      Y me hago babas

   Quiero tocar las largas plumas de tus alas

y las retiras,

    luego con espontaneidad comedida

     tus plumas me rozan

sonríes con tus labios de chocolate

      y me hago babas.

3:19 p.m.
11 de marzo, 2002
Baltimore, MD

Qué delicia divina deslizar mi idioma por tus senos,
tartamudear por los contornos de tus pezones y
susurrar bajito y respirar contenido
por el abismo de tu ombligo y omoplato.
Tu vibrante sonrisa me desarma.
¡Oh quién fuera el agua que se desliza
por tu piel y por tus nalgas!

9:55 p.m.
12 de marzo, 2002
Baltimore, MD

Comenzaba ya a dormirme
y llamó ella para decirme
que su cuarto está perfumado de lirios
(mis lirios suyos).
Y ahora no puedo dormir;
su voz me trajo su imagen (clara y presente)
sus palabras lo contrario (lejana y ausente):
    no sé cuándo te podré ver...
Desnuda acaricia sus pies cansados
Desnuda quiero acariciarla
Desnudo acariciando – acariciado desnudo
Luego su voz y sus palabras
imagen presente y cuerpo lejano
Su voz despertó en mí su sonrisa de chocolate
y sus caderas de encanto;
sus palabras apagaron en mí el encanto de sus caderas
y el chocolate de su sonrisa mía.
Y no sé cuándo podré dormirme otra vez:
No tengo sueño,
sólo sueños,
solo sueño.

10:43 p.m.
14 de marzo, 2002
New York, NY

Lirio de sus lirios, 2003, lápiz/papel: 6 ½" x 4 ¼"

Primavera

¡Feliz primavera!
Hoy es ya día 21,
no te he visto desde el 9;
ya se siente como toda una eternidad.

3:32 p.m.
21 de marzo, 2002
New York, NY

10:02am
22 marzo-03
Fort Tryon Park

Primicias (de primavera), 2003, lápiz/papel: 6 ½" x 4 ¼"

Saint Louis, Missouri

Si se me va la sonrisa de chocolate,
¿qué motivos me quedarán para soñar?
¿A quién, después de a mí, le importará que ya no sueñe?
Si se me va la sonrisa de chocolate
ya no tendrá sentido el té,
no tendrá sentido tomar té.
¡Que nadie tome té, declaro!
Si se me va la sonrisa de chocolate...

10:33 a.m.
24 de marzo, 2002
New York, NY

No sé de ti por una semana
y el optimista de mí recuerda una vaga mención:
"vacaciones / California / hermana en busca de Hollywood";
está de viaje.

Luego llamas y no: ha sido él...

    a medida que me hablas se me va cayendo el mundo.
Y el optimista de mí, el noble, te habla objetivamente:
"El pasado, el presente, el futuro, la cabeza, el corazón:
sólo tú vivirás con tu decisión y contigo".
Y me arrepiento en el momento mismo en que ya no escucho tu voz.
Se apagan las luces.
Cierro los ojos y a oscuras no lo puedo evitar:
me desvelo, no duermo, se me caen los párpados,
vence el cuerpo a la cabeza y duermo;
duermo y vence la cabeza al cuerpo
y el corazón a la cabeza y sueño: te sueño, ensueño.

Luego te llamo, te hablo y hacemos planes:
¡Se encienden las luces!
Radiante irradias primavera, sonríes
y salpican de entre tus senos pestañas luminosas,
ruedan gotas de tus espaldas a tus nalgas;
¡es primavera!
Compro, planeo: una botella de vino rosa,
pescado, romero, limón, sal y aceite de oliva,
verduras, fresas, moras

y sonrisa de chocolate.
Preparo todo radiante...
Y no vas a venir (como antes):
Ya no hay luces que apagar ni encender.
La paciencia que nunca ha sido una de mis pocas virtudes
es por fuerza compañera: No hay que joderse a estas alturas.

      Trabajo, creo, me atengo.

Te llamo y estás, hablamos, hacemos planes:
te cuento de las ganas que tengo de verte,
de abrazarte a solas. No sé.
No sé si quieres que te quiera
y quiero quererte y puedo.
...cenaremos y no voy a aguantar las ganas
de tomarte de las manos, mirarte a los ojos profundamente,
acercarte a mí y pedirte un beso: el primero del derroche;
que besaré tus dedos y tus pies,
tus manos y tus rodillas,
tus ingles y tus codos, tu cuello y el canal de tus espaldas,
tus nalgas y la fuente de tu miel,
el concierto de tus senos
y el chocolate de la sonrisa de tus labios.

9:40 p.m.
30 de marzo, 2002
New York, NY

13

Fue tan ingenuo de mí pedirte,
pedirte que te quedaras a pasar la noche conmigo:
que nada pasaría, que me estaría quieto y contento al lado de tu piel...

Hoy mis sábanas huelen a ti
y no has estado entre mis sábanas.
Mi pequeña caja de fósforos está inundada de ti;
todo tiene sed de tus labios y hambre de tu piel.
Mis manos extendidas al aire buscan los contornos de tu espalda,
la escalera de tu nuca.
Mis palmas sienten la cercanía de tu piel; mas,
están vacías de ti.

Siempre se extenderán mis dedos buscando los tuyos; tus palmas
y tu piel,
tus contornos
y tus curvas.
Mas, nunca tocarán mis dedos los tuyos, ni tus curvas,
ni tus contornos,
ni tu piel,
ni tus manos,
ni tus esbeltos dedos: jamás los tocarán,
de no ser tú quien alcance mis dedos encontrándolos mientras se
extienden
buscando,
buscándote.

¿Sabes?

Lo más ingenuo de mí es que, de haberte quedado,

no habría pasado nada,

me hubiese estado quieto y contento al lado de tu piel esperando,

esperando a que me encuentres.

9:59 a.m.
8 de abril, 2002
New York, NY

Su mano se deslizó levemente por mis cabellos,
mi cara, mi cuello, y se fue retirando a medida que bajaba
hasta su nivel normal, pasando, sin detenerse,
por mi pecho.
Me acerqué más a ella, y con la cercanía necesaria y apta
para susurros en los oídos
no dije nada. Tuve que hacer grandes esfuerzos
para contenerme la necesidad del beso; pues,
era muy temprano aún.
Y, a pesar de que ya sabía que le gustaba
(pues lo supe desde la primera media hora en que quiso saber: mi edad,
si estaba casado, y si vivía con mi mamá), y aunque esa mano que
deslizó
desde mis cabellos hasta los primeros contornos de mi pecho, era mano
de búsqueda
y no de reconocimiento,
y aunque yo también buscábala (al acercarme creando el pequeño espacio
de los susurros);
sé, y lo supe entonces,
que era muy temprano aún.

5:25 p.m.
25 de julio, 2002
New York, NY (En el Subway)

16

Sé que es inevitable,

que un día de estos nos encontraremos por ahí,

en una de esas calles de nuestra gran ciudad común,

cara a cara.

Pueda ser que sea mañana,

o en unos meses; bien podría ser años...

Pero nos encontraremos, cara a cara, un día;

es inevitable.

No sé qué le diré, eso es lo de menos;

pero, me muero por saber qué me dirá ella.

5:40 p.m.
29 de julio, 2002
New York, NY (En el Subway)

Me temía que no me llamarías,

y no me llamaste.

...si tan sólo todos mis temores se hicieran realidad

siempre.

5:42 p.m.
29 de julio, 2002
New York, NY (En el Subway)

Hoy estoy con mis temores apenas,

y de ti no sé;

has dejado de estar en mí tan de repente

cuan repentina fue tu llegada

o cuan breve tu estadía.

Unas horas en las que sembraste de ilusiones mi pecho.

Hoy recojo mis temores apenas,

y nada queda ya de ti,

ni de tu siembra cosecha;

no estás ya,

eso es un hecho.

5:47 p.m.
29 de julio, 2002
New York, NY (En el Subway)

Esta vez hubo besos (labios encontrados) y dedos encontrados.

Y mi camisa huele a ella,

porque ella ha estado entrelazada en mis trapos.

Y nos tomamos de las manos y a dedos extendidos

nos acariciamos.

No hubo necesidad de puntualizar ni definir nada, sólo el presente.

Y no he querido quitarme la camisa.

Tan levemente percibo su olor en mí,

y aunque tenue, y casi desapercibidamente, habita ahí

y es su perfume.

9:24 p.m.
27 de octubre, 2002
New York, NY

Como si volviera la necesidad del verso
—me interrumpe la noción de una voz conocida;
falsa alarma.
Retomo la palabra y el verso. Me animo,
creo que puedo.
Suelto mis tenazas por todos lados y espero atento:
palabra que se cruce, sueño que vuele,
deseo que se desate
los convierto en verso.

Pero nada pasa; ¿es que ya no sueño?
No puedo atrapar ni palabras ni deseos,
mucho menos ensueños;
¿será que es mal tiempo para cazar versos?
O será una fiebre de otoño que pesqué en uno que otro sueño.

Caen las hojas.

6:18 p.m.
1º de noviembre, 2002
New York, NY

Qué extraño es saber que estás festejando;

que has de estar feliz, que tienes razones para festejar, y

que yo no estoy.

No soy parte de esa felicidad,

tal vez no sea parte de tu felicidad.

Sé que estás festejando,

y sé que no he podido entrar en ese espacio.

Qué extraño es todo esto:

aquí en donde estoy sin ser parte de tu celebración.

Otra vez extiendo en vano mis manos y no,

no logro tocar tu hermosa piel de chocolate,

y tus labios, que tan ligeramente rozaron los míos,

hoy parecen tan lejanos en el tiempo.

¡Qué extraño! Qué extraño hoy me siento.

10:44 p.m.
3 de noviembre, 2002
New York, NY

Llegó el día y todo el día las sonrisas no contenidas
(¿Es de locos reírse solo?);
todo era risa pura, era todo alegría.
   Llegué puntual a la cita y me recibiste bajo la bata de baño,
sonrisa en los labios, besos en las mejillas,
mirada a los ojos, beso en la boca.
   Te esperé y fui testigo de tu transformación:
de la hermosa mujer que eres,
a la hermosísima mujer en que te convertiste
(carmín en los labios, fragancia detrás de los oídos).
   Lo observé todo, y mojé con tu agua tus plantas verdes.
Más sonrisas, más besos (te encantó tu regalo).
La noche comenzaba de maravillas.
Tomados de la mano: tu mano en mi mano, mi mano en tu mano;
dedos entrelazados y caricias (a veces),
corrimos como locos por la autopista rumbo norte;
a nuestro lado, el río Harlem sereno y contemplándonos.
Fuimos a comer y comimos riquísimo. De inmediato,
a la carrera, salimos; nos esperaban para charlar Frida y Diego.
Casi no llegamos, pero ahí estuvimos a buena hora
para comenzar el diálogo.

Hablamos de besos, cuerpos, curvas, traiciones, deseo,
sobrevivencia y determinación.
Tu fragancia navegaba sola y loca por mi olfato, y
mis labios sedientos de tu piel.

Hay besos y caricias —cortas, tan cortas.

Tu cabeza se refugia en mi hombro y te llega la hora del descanso
(no duermes)
Mis labios buscan la seda de tus mejillas y tu nuca,
mis dedos hambrientos buscan el desliz de tu entreseno.
Y nombro lo que buscan mis dedos
y pido lo que quieren mis labios:
cierro los ojos en vano;
se ha creado la distancia —tal vez sólo por poner hechos en palabras.

Y no respondes; retiras.

No descansa tu cabeza en mi hombro —estás bien, dices.
Se han cerrado tus labios
y las yemas de mis dedos
se han quedado huérfanas de ti.

Es el desconcierto.
No es más que la sucesión al concierto; lo sé. Y:
aquí estoy;
yo que siempre he dicho que la paciencia no es una de mis virtudes.
Espero.

10:41 a.m.
9 de noviembre, 2002
New York, NY

He tratado de ignorar tu fragancia presente en mis narices.

He evitado roce alguno con esa camisa, y ahora

no pudiendo resistir más

me he lanzado desbocado sobre el hombro derecho de mi saco,

sobre la solapa interior de mi abrigo;

olfateando como un cachorro asustado,

buscando tu fragancia,

sumergiéndome en ese olor a ti que me queda,

buscando aquí (donde no estás)

tu presencia.

Y por un momento fugaz, era tu cabeza en mi hombro lo que sentía

y la fragancia que olía no era el residuo de tu presencia, sino

tu cabeza misma

en el momento en que allí posada depositaba tu fragancia.

Y hoy no podré evitar volver, desesperado,

a buscarte en el hombro derecho de mi saco

y en la solapa interior de mi abrigo.

11:26 a.m.
9 de noviembre, 2002
New York, NY

"Pide, y se os dará"

Y pedí como quien dice "esta boca es mía".
Dos cosas pedí: que me hablaras, —me son muy dañinos los silencios
(mi imaginación es creativa en demasía);
que no retrocediéramos, -de no avanzar, tampoco echarnos para atrás
(no ha sido fácil llegar hasta aquí).

Y me has dado; pero se siente como un "tómaquelleva".
Es muy tarde ya para que no me duela;
ya no puedo evitar el desvelo sobre las 4:50 a.m. (es imposible conciliar el
sueño).

Me pides que hagamos del reloj cangrejo, como quien dice:
"Pequeñuelo, ahora que has aprendido a dar tus primeros pasos,
debes olvidar cómo se camina. No vuelvas a caminar; es muy peligroso".
   —Sí, lo sé. Ya me he estrellado de frente y a la carrera; en plena
marcha.
Pero: ¿sabes lo que me pides?, ¿te crees capaz?, ¿de veras eres tan
valiente?;
pides diciendo:
"Podemos salir, como amigos; sin tomarnos de las manos, y sin besos".

   —Que yo sepa, se declara la guerra
y tú,
   tú me has declarado la huelga:
      hambre de los entornos de tus dedos
      y sed de la delicia de tus labios.

26

Me diste una de las dos cosas que pedí: me hablaste
(bien pudieras haber, simplemente y en silencio, retirado tus manos
haciéndomelas inalcanzables;
bien pudieras haber, y en mi presencia, retirado tus labios haciéndomelos
inaccesibles,
y así, en silencio, dejarme a la agonía de mi imaginación fatal).

¡Pero, me has dado y quitado a la vez!
¿Pide y se os dará?
—Pues así como que "mejor no quiero".

Creo que simplemente es demasiado tarde (para mí);
para mí ya es camino recorrido en donde andas.
Te extiendo la mano,
        puedes tomarla y te ayudo en la travesía.
Si la tomas es porque quieras tú,
    no porque yo quiero que tú quieras.
Seguirán, pues, mis dedos extendidos
        a la espera

8:19 a.m.
12 de noviembre, 2002
New York, NY

27

Hay un descenso patente;

    la manzana en mi estante comienza su propia descomposición.

    El lirio en su vaso azul y azul se marchita.

    El olor de tu cuello y tus cabellos se disipa en la solapa de mi saco.

Y hay silencio, casi absoluto;

silencio que sólo rompe mi constante esfuerzo

por tu imagen, tu palabra, tu fragancia

y la música de tu presencia.

10:06 a.m.
14 de noviembre, 2002
New York, NY

Manzana para mesa de trabajo, 2003, lápiz/papel: 4 ¼" x 6 ½"

Dime tú, esa voz que anoche sin decirlo

casi me dijo adiós: ¿salió de los mismos labios

que me colmaron de dicha con un beso bajo un manzano?

¿O es que acaso, ése era el árbol prohibido?

Dime, ¿son los mismos labios de la sonrisa de chocolate?

¿O es que esa voz salió seca y directa, sin el roce miel de tus labios?

Tu voz estableció una frontera,

una distancia,

y un espacio.

Me sentí en la lejanía observado por ojos de ciencia:

débil, con frases irracionales (casi obtuso);

más bien desnudo, indefenso, estúpido, desarmado.

7:46 a.m.
15 de noviembre, 2002
New York, NY

Estoy solo, tengo un paraguas.
Llueve afuera como una invitación;
sé que tendré que aceptarla y salir.

Te invito a compartir mi paraguas
en un deambular sin dirección;
simplemente caminar a ningún lado,
pero juntos caminar
y compartir el pequeño espacio (firmamento chico de la cúpula de mi
paraguas).
¿Te atreves?

Sabes como encontrarme: ...siempre esperando.

10:41 a.m.
16 de noviembre, 2002
New York, NY

Hoy la vi,

y me regaló su sonrisa de chocolate toda

y caminamos por las calles, bajo mi paraguas (y llovía),

y me regalaba su sonrisa.

Caminamos por el parque, noche plena y lluvia,

nos abrazamos fuerte; su cabeza en mi hombro

otra vez.

Su frente y mis labios uno,

la seda de sus mejillas,

la tentación en la cercanía de sus labios,

su fragancia,

sus caderas entre mis brazos

y al final no pude contenerme y le robé un beso.

Se fue sonriente

quedé contento.

Hoy la tuve entre mis brazos en abrazo largo y quedo.

Hoy estuvo abrazada a mí libremente, y hasta ahora,

por el más largo tiempo.

Ella me regaló este clavel.

10:51 p.m.
21 de noviembre, 2002
New York, NY

Una vez frente al bananal, con sol en pleno fuete,
nos adentramos por una hilera a calor templado,
cortamos un gran racimo de guineo,
seguimos caminando rumbo al fondo
hasta la orilla de matas de rulo,
para allí cortar un racimo.
Desprendí de un racimo maduro en mata
un guineo dulce como miel.
Al llegar hasta la orilla cortamos un buen racimo de rulo;
al lado dos impresionantes cocoteros.
Tumbamos cocos y nos refrescamos del calor templado
a puro frescor de coco.
Luego fue el regreso por la misma hilera
y el deseo de haber compartido contigo
ese guineo dulce como miel,
y esos cocos frescos como fuente.
Hoy te compré raspaduras, mañana te escribo.

10:50 p.m.
25 de noviembre, 2002
Cambita Garabito, República Domominicana

Desde aquí donde no estás

y

 desde allá donde no estoy

desgloso sentires y anhelos que no rompen la distancia;

¿o sí?

Lo sabré sólo si tú me piensas allá

        como yo te pienso aquí.

¿Querrás subirte en un yaguacil conmigo

y soltarnos jalda abajo

y desternillarnos de risa?

¿Me podrás siempre dar tu risa de chocolate?

¿Querré yo siempre tener tu risa de chocolate?

¿Te importa que ayer sembré guandules y hoy les llovió?

Sólo tú podrás dar respuestas a estas preguntas:

        lo puedes hacer con palabras o con besos.

Yo preferiría ambos.

11:36 p.m.
28 de noviembre, 2002
Cambita Garabito, República Domominicana

Una semana ya que no te veo,
una semana ya que en el deseo
se conjugan los espacios
y en el espacio el tiempo.
Crece la necesidad de ti,
me doy cuenta de que comienzas
a hacer falta en mi existencia.
Andas respirando en tus espacios;
yo, en mi oficina, en mi cuarto,
en las calles, en el subterráneo,
ando respirándote (a ti) en mis espacios.
¿Es que te extraño? Será que sí.
¿Me extrañas? Y decides no admitirlo,
pero me llamas; "cariño" me dices;
que ya no tienes razones para dejarme plantado
(como antes).
Se te escapan espontáneamente "cariños".
¿Ha llegado la etapa de la pareja?
¿Somos pareja?
Somos pareja.
No podré aguantarme más días sin verte: mañana te veo.

12:01 a.m.
11 de diciembre, 2002
New York, NY

36

Todo es silencio y distancia, todo es frío.
Encontré la horma de mi zapato; es tan piedra como yo,
quizás roca.
La he soñado varias veces ya,
ya no me explico ni quiero explicármelo;
pues no, no me corresponde a mí dar explicaciones:
después de todo, yo la llamé las dos últimas veces,
yo escribí la última vez.
Tampoco a ella le corresponde dar explicaciones:
después de todo ella no ha llamado en los últimos
        (quién sabe cuánto),
ella no contestó la última vez; y,
para buen entendedor, pocas palabras bastan.
¡Pero claro, yo soy entendedor terco!

8:01 a.m.
19 de diciembre, 2002
New York, NY

Gracias por los sueños,

porque volví a soñar.

Y aunque estar ahora despierto es tan doloroso...

      Sin miedo y sin reservas, con gusto,

cerraría los ojos otra vez.

9:01 a.m.
21 de diciembre, 2002
New York, NY

Raspaduras

Y entonces (como de la nada),
apareciste en vestimenta oriental
y abriste compuertas:
        26 de diciembre, 2002.

Se encendieron las luces (todas).
Nacieron razones para tomar té:
¡que todo el mundo tome té!
Cesó la huelga.

Tus labios chocolate me sonríen
mi idioma se desliza solo
soy agua por toda tu piel
mis caricias alcanzan tus pies
y tus dedos mis espaldas y mi pecho

¿Sueño?

Beso la fuente de todas las mieles
mis dedos suben la escalera de tu nuca
ando desbordado por tus contornos (todos)
encuentras mis dedos extendidos
llenas de ti mis manos

tu fragancia está en mis sábanas

y en mis trapos
sediento en oasis soy
hambriento en majar de dioses

Y si sueño:
¡qué lindo es soñar contigo!
¡Qué lindo es soñar que me sueñas!

2:22 p.m.
31 de diciembre, 2002
New York, NY

Cierro los ojos

y recorro desbordado y sediento el derrame de chocolate de tu piel toda;

desde los dedos de tus pies hasta la punta de

tu más larga hebra de cabello.

Cierro los ojos

y mi idioma gaguea entre tus piernas, por tus rodillas, en el canal de

tus espaldas;

se ahoga voluntaria y deliciosamente en la fuente de tu miel (recipiente de

todos los manjares).

Cierro los ojos

y me pierdo lamiendo insaciablemente el chocolate oscuro de

tus areolas

y el cacaito de tus pezones ambos.

Cierro los ojos

y mi mirada se pierde, mirando hacia arriba, por el abismo de

tu ombligo

y la empinada de tus montañas.

Cierro los ojos

y siento tu piel toda vibrar en respuesta al roce demi idioma por el punto de

tu amanecer.

Cierro los ojos

y te escucho jadear libre, abrazada a mí, sintiendo sobre mi piel tu piel.

Abro los ojos

y estoy justamente en la esquina suroeste de Broadway y la calle 79,

son las 12:16 p.m.

12:16 p.m.
26 de enero, 2003
New York, NY (En el Subway)

A veces las palabras sobran
—y reconocer esto es maldición de poeta:
lo sé porque ayer en tus querencias no necesité palabras
para dejarte sentir que yo estuve allí y que me sentí bien recibido;
no necesitaste palabras para dejarme saber que te era bienvenido.

Me queda la esperanza de que todo esto lo supimos por acciones,
no por silencio;
es pues hoy el día de las palabras.
Y las escribo como amuleto a la maldición,
pero si esta maldición me viene como ayer:
bendita maldición aliada del silencio,
amiga de las acciones
y vehículo de las palabras (de poeta).

9:34 a.m.
30 de enero, 2003
New York, NY

Tu belleza no está, sino en perfidia

Tu belleza no yace en la delineación hermosa
   de tus labios,
sino en tu seductora sonrisa que dice cosas de la maravilla
   de tu espíritu.

Tu hermosura no está en lo dulce y encantador
   de tu voz,
sino en la convicción de tus palabras que son antesala y puerta
   de tus hechos.

Tu encanto no está en el chocolate todo
   de tu piel,
sino en el calor tibio y acogedor
   de tu ser.

Tu atrayente no está en la cadencia sensual
   de tu cuerpo al caminar,
sino en la energía que irradia
   de tu persona.

Eres una mujer hermosa porque
tu belleza está más allá (y sobrepasa) lo irresistible
   de tu físico;

belleza que se hace palpable en la cadencia
   de tu cuerpo sensual al caminar,

en el chocolate
de tu piel toda,
en tu voz, en la delineación
de tus labios.

Es belleza que se hace constar en la maravilla
de tu ser,
en la convicción
de tu persona,
en el calor
de tu espíritu,
y en la energía
de tus hechos.

Debes saber que eres
una mujer sumamente hermosa
y de gran belleza,
aunque yo no te lo diga (siempre) con palabras.

10:41 a.m.
2 de febrero, 2003
New York, NY

Son las palabras tu miedo y tu silencio mi tortura.

Lo quieres todo, lo sientes todo, todo lo haces;

nada pides, nada nombras, todo callas.

Sé. Sé que sin las palabras no puedo vivir;

no me aguanto: te las digo, te las escribo, te las canto,

te las recito.

Y tú, tú das vuelta atrás, vuelves a donde estabas.

Te detienes, te aferras a tu miedo, recurres a tu silencio;

me hieres.

Y yo aquí, otra vez, esclavo de las palabras.

Mejor será que no escriba más: ¡Ni una sola palabra!

7:45 a.m.
3 de febrero, 2003
New York, NY (En el Subway)

Ahora quiero caminar bajo la lluvia
   contigo (y sin paraguas).
Quiero compartir una tormenta contigo,
desde una ventana, para juntos
dibujar el cielo cuarteado de relámpago,
el suelo iluminado por centellas,
la tierra mojada por la lluvia
y los oídos llenos del estruendo del trueno.
Ahora quiero compartir contigo vida, costumbres
y anhelo.
Quiero una tormenta junto al mar compartir contigo.

10:18 p.m.
3 de febrero, 2003
New York, NY

Busco y te busco por las líneas telefónicas,
por las ondas cibernéticas,
por los espacios, las distancias,
desde Manhattan, por las avenidas,
en Brooklyn, por el tiempo,
entre los recónditos espejismos de mis ensueños te busco.
Te busco porque si no te encuentro,
no tiene sentido el espacio ni el tiempo
y respirar sería simplemente una manera de gastar la vida.

10:31 p.m.
3 de febrero, 2003
New York, NY

Bueno y qué,
que quiero cocinar contigo:
yo nos hago unos tostones,
y tú nos haces un mojito.

08:34 hrs.
4 de febrero, 2003
New York, NY (En el Curro)

No sabes

¿Sabes que puedes,
con el sabor de tu voz
y con la dieta de tus palabras,
joderme el espíritu y arruinarme el sueño?
¿De veras no sabes cuánto me importas,
o es que te haces?
¿O debería preguntar: ¿es que no te importa
que me importes como me importas??
¿Sabes que tienes el poder de dejar
el sabor del sinsabor en mi garganta: entre nudo y aridez?
¿Sabes que puedes con una sonrisa cambiarme el mundo?
¿Sabes que puedes, con abstener la sonrisa, joderme el mundo?
¿Sabes, o es que no quieres saber?

10:45 p.m.
6 de febrero, 2003
New York, NY

Mirándote en la distancia que componen

las notas que nos separan

te veo;

y eres tan elegante, y no sabes:

no sabes que temo

a que me estalle el pecho

y que pedazos de mí se esparzan por todos lados.

  Eres tan bella.

Sé tanto de mí, ...y estoy tan seguro;

pero temo,

pues no sé de nosotros desde ti.

Y sigo mirándote en la distancia que componen

las notas de jazz que nos separan:

tú en el bar, yo

en la mesa (de pie)

esperándote.

7:51 p.m.

7 de febrero, 2003

Jazz Under the Stars: Starry Nights Series

American Museum of Natural History

New York, NY

Sus mulos largos (extraño), abismos de chocolate.
Ocho minutos justos para besarle desde la punta del pie
hasta la ingle.
Ocho minutos más para regresar y descarrilarme cuesta abajo
por el desliz de su otra pierna.
Quince minutos para besar (solamente besar),
con detenimiento, su muslo izquierdo.
Dieciocho minutos justos para recorrer con el idioma
su muslo derecho.
Veinte minutos para besarle las rodillas y las puntas
de todos los dedos de los pies.
Siete minutos para admirar (cabeza entre rodillas)
su sexo.
Todo el tiempo del mundo pido
para hacerle el amor.

5:26 p.m.
20 de febrero, 2003
New York, NY

El hambre en mis manos y en mi boca,
la sed en mis dedos y en mi lengua
no se me quita; no se me sacia.
Y bebo y como de ella (de ti) sin reservas,
pues siempre se me da toda y sin reservas.
Es mi piel la que tiene toda el hambre y toda la sed del mundo
por tus manos y por tu boca.
Es mi pecho y es mi sexo los que sedientos y hambrientos están
del manjar de tus dedos y de tu lengua.

No es mi boca, no son mis manos.
No son mis dedos, no es mi lengua.

Hambre y sed reclamo,
de la que sacian y se sacian
mis dedos y mis manos
mi boca y mi lengua;
de la que ansían mis espaldas y mi pecho
mi cuello y mi sexo.
Hambre y sed de tus labios y de tus manos,
sed y hambre de tus dedos y de tu lengua
tienen mi sexo y mi piel.

6:42 p.m.
22 de febrero, 2003
New York, NY

Sus dos hojitas, 2003, lápiz/papel: 4 ¼" x 6 ½"

Cuita y congoja
acompañadas de ausencia y silencio,
miren cuán mal me siento,
arrinconado aquí
casi en el fondo de mi descenso.
No la mueven las flores,
no la mueven los versos.
Me queda por intentar la distancia
y el silencio:
ha de saber lo que es tener
cuando no tenga;
¿ha de saborear en sus labios los míos
cuando no los tenga,
o simplemente saldré de mi rincón
y mi silencio
cuando de mi abandono se compadezcan mis huesos?

09:18 hrs.
27 de febrero, 2003
New York, NY (En el Curro)

Rosa seca, 2003, lápiz/papel: 4 ¼" x 6 ½"

Espero; pero, ¿es Ero lo que espero?

Duelo; pero, ¿es muerte o pérdida lo que duele?

Suelo; pero, ¿es cielo o tierra lo que quiero?

Sueño; pero, ¿es real todo lo compartido, o ha sido sueño?

Bello; pero, ¿es todo lo que espero, hasta el duelo,

            y este suelo, o los sueños que sean bellos?

Realidad; pero, ¿es eso todo lo que tengo?

Tengo: la realidad de que no estás y que no quieres estar;

       la incertidumbre de si has estado...

¿Celo?; pero, qué es lo que espero.

10:47 p.m.
4 de marzo, 2003
New York, NY (En el Subway)

Sólo quise hacer tu casa mi casa,

mi casa tu casa.

Sólo quise compartir mi pan y mis tristezas

(también en abundancia mis alegrías).

Sólo quise que nos domesticáramos el uno al otro.

Sólo quise compartir de lo que nos diera la vida

y la vida.

Sólo quise crear costumbres, hábitos y rituales de entrambos.

Sólo quise compartir contigo en las buenas

y en las malas.

      Y al parecer:

solo quise.

16:49 hrs.
6 de marzo, 2003
New York, NY (En el Curro)

Maldición de ser:
adonde quiera que miro estás tú,
(te veo) besando a otro.
        Cómo no lo había visto antes...
¿Cómo no lo había visto antes?
Estabas ahí con tus labios en los suyos
(no en los míos):
limosnas mis momentos.
Eso, sólo eso;
eso solo...

7:58 p.m.
7 de marzo, 2003
Jazz Under the Stars: Starry Nights Series
American Museum of Natural History
New York, NY

No son ni las nueve

y desespero;

mas, qué espero.

Aquí estoy en agonías

como quien espera alegrías;

mas, qué espero.

Si me lo tengo bien claro:

no debo esperar porque no espero.

Lo sé, ni siquiera esperanzas tengo.

Entonces:

¿Por qué no son ni las nueve

y desespero?

Si después de todo: ¿qué espero?

8:53 p.m.
7 de marzo, 2003
New York, NY (Café Largo)

Matica, 2003, lápiz/papel: 4 ¼" x 6 ½"

Cuánta vida

Te doy vida y me das vida
y no te quieres dar cuenta; lo quieres ignorar (pretendes).
Me tocas y te toco
y sientes, se siente, siento, te siento, me sientes:
me ensancho, te mojas,
respiramos a otro ritmo, sentimos.
Mi piel toda se hace sensitiva; siento el menor de tus roces.
Tu cuerpo todo se sostiene en la punta de tu epidermis;
al menor roce de mis labios te estremeces.
Estás toda mojada,
estoy todo duro y soy babas todo a una vez.
Te relajas y contraes,
crece la tensión y exploto; me desinflo (relajado estoy).

Cierras los ojos y descansas,
no duermo (cuido tu sueño).
Cierro los ojos y descanso; sueñas conmigo en ti.

Nos damos vida ¿te das cuenta?
Juntos todo adquiere contorno y relatividad,
todo tiene sabor, color, relieve, música, movimiento, temperatura,
sensación.
Y por si no te habías dado cuenta: revivimos

al lado de nuestras entrambas pieles.

Todo tiene sentido: lo vemos, lo oímos, lo olemos,
lo saboreamos, lo tocamos y lo percibimos todo.
Somos, juntos, casi un milagro.

12:53 p.m.
10 de marzo, 2003
New York, NY

Canción primera

Un poquito de dulzura
nunca le hizo daño a nadie,
a nadie.
Un tantito de ternura
siempre le ha hecho bien a alguien,
a alguien.
Si eres alguien o soy nadie
no sé yo quién lo sabrá:
no me has dado de ternura,
ni siquiera de un poquito,
aunque sea la mitad.
No te he dado de dulzura
de lo que tengo guardado,
para que no te haga daño,
(y que es sólo para ti
y que no es de nadie más)
ni la mitad de un poquito,
ni siquiera la mitad.

Un poquito de dulzura
nunca le hizo daño a nadie,
a nadie.
Un tantito de ternura
siempre le ha hecho bien a alguien,
a alguien.
Si soy tierno o si soy dulce
no sé yo si lo sabrás: pues,

no te he dado de ternura,
(y lo que tengo guardado),
ni siquiera de un poquito,
aunque sea la mitad.
Hazme nadie o hazme alguien
dándome aunque sea un poquito,
si es que tienes escondido
de dulzura y de ternura,
un poquito o un tantito nada más.
Y si lo tienes guardado
(para que no me haga daño),
regálame un poquitito,
aunque sea sólo un tantito
de la parte de un poquito,
o de un poquito tantito,
aunque sea la mitad.

> *Un poquito de dulzura*
> *nunca le hizo daño a nadie,*
> *a nadie.*
> *Un tantito de ternura*
> *siempre le ha hecho bien a alguien,*
> *a alguien.*

6:34 a.m.
12 de marzo, 2003
New York, NY (En el Subway)

En patio de la Abuela, 2003, lápiz/papel: 4 ¼" x 6 ½"

Causas y consecuencias

Siendo como lo es el matrimonio
la principal causa del divorcio;
como tal lo es por igual el hacer planes contigo
la causa fundamental de que me dejes plantado.
Es pues que de hoy en más
no me caso ni vuelvo contigo a hacer planes;
nunca me divorciaré ni me dejarás plantado:
vivo en paz,
y con mi pan me lo como.

3:11 p.m.
14 de marzo, 2003
New York, NY

Te di, sin saberlo,
las llaves de mi corazón.
Ya te iba a dar las llaves de mi casa,
pero cogiste las llaves de mi corazón
y las tiraste a la basura;
por eso,
te quedaste sin las llaves de mi casa
y yo sin las de mi corazón.

1:29 p.m.
15 de marzo, 2003
New York, NY

Mañana marca el calendario el día
a partir del cual los días
van a ser de puro encanto.
Comenzarán las tardes y puestas de sol
que quise domesticar contigo.

Habrá puestas de sol que por necesidad
habrá que ir a esperarlas caminando
por la orilla del mar.

Habrá otras tardes donde
el banco del parque que sostiene esa vista del Hudson
será lo ideal.

Por igual: caminaré en algunas mañanas tibias
por jardines claros.

Es que llega la primavera y me encuentra,
con la cabeza hasta los hombros en un cesto de basura,
buscando las llaves de mi corazón.

9:26 a.m.
20 de marzo, 2003
New York, NY

Segunda Primavera

¿Feliz primavera?
Hoy es día 21 (otra vez),
y no te he visto desde el 9 (otra vez).
No sé si te quiera ver (esta vez),
pues sé que no te importa verme (esta vez).
No se siente como una eternidad (otra vez).
Y si no te vuelvo a ver (esta vez),
no sería la primera vez (otra vez);
pero puede que sea la última vez (esta vez).

5:28 p.m.
21 de marzo, 2003
New York, NY (En el Subway)

El Hudson está sereno.

De aquel lado New Jersey sigue marrón quemado,

centellean cristales de autos que corren norte por el Palisades Parkway.

Se escucha abajo el corrido murmullo de los neumáticos

que se besan con el asfalto en beso cruel y despellejador

sobre el Henry Hudson Parkway.

Observo desde el Fort Tryon Park que

comienza la primavera en Nueva York.

10:12 a.m.
22 de marzo, 2003
New York, NY (Fort Tryon Park)

Cambio de estación, 2003, lápiz/papel: 6 ½" x 4 ¼"

Recibí el otro día la primavera (sin ti).
Salí a caminar, temprano en la mañana
fui a ver el sol nacer (sin ti).
Me paseé entre botones de flores
por un muy bien cuidado jardín (sin ti).

Esperé sentado en un banco la puesta del sol (sin ti).
Tomé un largo paseo bajo la lluvia el otro día (sin ti).
Fui a visitar la mar y caminé por el andén de la playa (sin ti).

Volví esta tarde tibia a ver ponerse el sol.
Disfruté tanto mi nuevo disco de flamenco
con Camarón, Arcángel, Tomatito.
El café de hoy al levantarme estuvo particularmente rico.
Aprendí un paso de tango nuevo.
Ayer me corté el pelo y me quité el bigote.
Hoy compré zapatos nuevos.
Le hice el ruedo a unos pantalones nuevos, y
tengo otro par ya hilvanado.
He hecho tantas cosas,
que casi ni me di cuenta de que no estabas.

5:54 p.m.
23 de marzo, 2003
New York, NY (Fort Tryon Park)

Se me va la sonrisa de chocolate
y no para Saint Louis.
Se me van su piel y su sonrisa,
y no es para ningún lado;
simplemente se va de mí,
no está a mi lado;
simplemente y sin irse a ningún sitio
no está a mi lado.
Igual que vino, estuvo,
no está; me ha dejado.
Que se tome o no se tome té,
ya no me importa:
¡Eso declaro!

5:37 p.m.
24 de marzo, 2003
New York, NY (En el Subway)

Se me va a pasar,

y llegará un día (como todos llegan)

en que ya no importe.

Se me va a pasar:

Yo sé que se me va a pasar,

que se me tiene que pasar.

¡Pero coño! ¿Por qué no se me pasa ya?

¿Será posible que no me extrañe,

que ni siquiera me piense,

que de vez en cuando al menos una nota musical la haga pensar en mí,

que un lugar o una gota de lluvia,

que una mención o una omisión la lleve hasta mí?

De no ser así, o es piedra

o yo no existo; peor aún, nunca existí.

Se me va a pasar,

y llegará un día (como todos llegan)

en que ya no importe.

Se me va a pasar:

Yo sé que se me va a pasar.

8:25 p.m.
31 de marzo, 2003
New York, NY

Vengo aquí no a estar solo,
sino a sentirme solo.
Vengo aquí a estar sin ti
donde estuve contigo.
Vengo aquí a estar yo
donde no estás tú.
Vengo aquí no a extrañarte,
sino a que me hagas falta.
Vengo aquí a escuchar música
que otro día conmigo escuchaste.
Vengo aquí a darme el lujo
del privilegio de tu ausencia.
Vengo aquí a estar presente
conmigo y ausente de ti.
Vengo aquí a escuchar jazz
bajo las estrellas,
sin estrella.

7:26 p.m.
4 de abril, 2003
Jazz Under the Stars: Starry Nights Series
American Museum of Natural History
New York, NY

Rostro en contraluz, 2003, lápiz/papel: 6 ½" x 4 ¼"

Keiselim A. Montás (Keysi)

Santo Domingo, República Dominicana, 1968. Desde 1985 vive en EE. UU., donde terminó sus estudios secundarios en John Bowne High School, Flushing, NY; hizo una licenciatura en lengua y literatura castellanas, con concentración en educación secundaria, en Queens College, The City University of New York (CUNY), y una maestría en lengua y literatura castellanas en la University of Cincinnati. Ha publicado: **Pequeños Poemas Diurnos** (poemas), *plaquette* , 1992 y 2005; **Amor de ciudad grande** (poemas), 2006; **Reminiscencias** (cuentos: *Premio Letras de Ultramar 2006*), 2007; **Allá (diario del transtierro)** (poemas), 2012, edición digital (e-book) 2013; **De la emigración al transtierro** (ensayo), 2015; **Como el agua (colección de Haikus)** (poemas), 2016; **Ínfimas apreciaciones literarias** (ensayo: *Premio Letras de Ultramar 2015*), 2016; **Like Water (A Haiku Collection)** (poems), 2017; **Otras veces no sé (colección de relatos breves)** (cuento), 2020; **Desechos** (poemas), 2021.

Su trabajo literario (poemas, cuentos, ensayos y entrevistas literarias) ha sido incluido en múltiples antologías y, al igual que sus fotografías y perfil personal, se ha publicado en revistas impresas y digitales. Ha ganado: *Tercer Lugar*, 2001, en poesía: 27vo Premio Literario Chicano/Latino de la Universidad de California, Irvine; *Premio Letras de Ultramar, 2006*, en cuento: Secretaría de Estado de Cultura de la República Dominicana a través del Comisionado Dominicano de Cultura en los Estados Unidos, New York; *Primer Lugar*: XIX Concurso de Cuentos Radio Santa María, 2012, La Vega, República Dominicana; *Segundo Lugar*, 2014: Premio de Cuento Juan Bosch, Fundación Global Democracia y Desarrollo (FUNGLODE/GFDD) 2014, Santo Domingo-New York; *Premio Letras de Ultramar, 2015*, en ensayo: Secretaría de Estado de Cultura de la República Dominicana a través del Comisionado Dominicano de Cultura en los Estados Unidos, New York; *Mención de Honor, 2015*: Premio de Cuento Juan Bosch, Fundación Global Democracia y Desarrollo

(FUNGLODE/GFDD) 2014, Santo Domingo-New York.

En la actualidad vive en New Hampshire y trabaja en Dartmouth College donde además de su cargo permanente como Director de Seguridad (lleva más de 30 años en esa área), ha sido un Faculty Fellow. Es editor y fundador de la pequeña editorial independiente Élitro Editorial del Proyecto Zompopos, y es un apasionado bailador de tango argentino. Su blog: http://keiselimamontas.blogspot.com/

Zompopos
El libro es un Zompopo

AMOR DE CIUDAD GRANDE
SEGUNDA EDICIÓN
de **Keiselim A. Montás**, se terminó de editar y diagramar en marzo de 2024, en New Hampshire. Esta edición estuvo al cuidado exclusivo del autor.

Élitro Editorial del Proyecto Zompopos
El libro es un Zompopo - (*The Zompopos Project*)
New York – New Hampshire

Otros libros de Élitro Editorial del Proyecto Zompopos:

Amor de ciudad grande (poemas, 2006)

Allá (diario del transtierro) (poemas, 2012)

Cuando el resto se apaga (poemas, 2013)

Islamabad queda al norte (poemas, 2014)

En sus pupilas una luna a punto de madurar (poemas, 2015)

Como el agua (colección de Haikus) (poemas, 2016)

LikeWater (A Haiku Collection) (Poems, 2017)

Hacia Yukahú (poemas, 2017)

ANAGAMI (poemas, 2017)

RETURNING FROM THE UNDERGROUND (Novel, 2017)

MUESTRA Z (compilación editorial, 2019)

Translation: The Shared Art of Writing Backwards (ESSAY, 2019)

VERSOS LIBRES POR VENECIA / *Free Verses Around Venice* (poemas / *poems*, 2019)

EL JARDÍN DE LOS NUEVOS LECTORES (infantil, 2020)

EL LIBRO DE LAS NUEVAS AVENTURAS (poemas, 2021)

ÑUÓRK! (poemas, 2023)

Todos disponibles en: http://editorialzompopos.blogspot.com/

El Proyecto Zompopos: Este proyecto promulga al Zompopo (hormiga corta hojas / *atta cephalotes*) como un símbolo de cooperación entre los humanos y nuestro medio ambiente, identificando intereses comunes en necesidades, cultura, lenguaje e ideales. Propone un autoexamen de nuestra cotidianidad y una revisión de nuestras formas de consumo para dar nuevos usos a objetos que normalmente desechamos.

The Zompopos Project: This Project champions the Zompopo (leaf cutting ant / atta cephalotes) as a symbol of cooperation amongst humans and our living environment by finding common ground via needs, culture, language and ideals. It proposes a look at our daily lives and a revision of our modes of consumption in order to find uses for objects we would normally discard.